Growth Hacking
Accélérez votre business avec plus de 50 méthodes, expliquées à pas

Ce manuel vous apprend à **faire venir** des prospects et futurs clients sur votre site ou votre application - et à les inciter à acheter. Il est largement recommandé à Euratechnologies car il enseigne le **Growth Marketing** à un niveau professionnel. Il ne perd pas de temps sur des conseils évidents de débutant. *Lisez cette page d'introduction pour comprendre quelle stratégie de croissance a du sens pour votre produit.*

Growth Hacking par rapport au marketing traditionnel

Qui suis-je ?

Martin Perret, je passe des centaines d'heures à faire des recherches sur des sujets intéressants concernant le marketing et les nouvelles astuces pour être plus visible sur internet, que ce soit pour mes clients ou pour mes activités en ligne. Puis j'écris des articles concis mais approfondis https://medium.com/@martin.perret.

Je suis également un des fondateurs du programme de marketing, 5:51 - North Digital Valley.

Nous formons professionnellement des individus et des entreprises au Growth Hacking, SEO, Automatisation, Content Marketing, Emailing etc.

L'entonnoir de croissance

Une méthode pour définir les tactiques de croissance qui auront probablement du succès pour votre entreprise.

Pour ce faire, je dois vous présenter l'*entonnoir de croissance*. Il s'agit du cheminement d'un client à travers l'expérience de la publicité jusqu'au produit :

Acquisition → Conversion → Engagement → Revenu → Référence

I. Acquisition

Un " canal " d'acquisition est un endroit où vous vous procurez des clients potentiels. Les annonces, le marketing de contenu et les ventes sont tous des canaux d'acquisition.

Les canaux se divisent en deux grandes catégories :

Canaux payants - Les canaux payants comprennent la publicité, les parrainages et le marketing d'affiliation. Ici, " payant " signifie que vous payez pour les performances du canal au fur et à mesure qu'il évolue. Par exemple, vous payez pour chaque clic, impression ou vente référencée.

Canaux non payants - Les canaux non payants comprennent le marketing de contenu, le réseautage hors ligne, les ventes, la viralité et les relations publiques. Ici, "Non payant" ne signifie pas que ces canaux sont **gratuits**, mais plutôt que vous ne payez pas *plus* en fonction de la performance. Par exemple, vous paierez pour la main d'œuvre nécessaire à la rédaction d'un billet de blog. Mais le trafic SEO qui en résulte ne vous coûte pas à la visite.

C'est génial - les chaînes non payées peuvent avoir un potentiel illimité !

Comme je l'explique ci-dessous, de nombreuses entreprises constatent que seuls les canaux non rémunérés fonctionnent pour elles.

II. Conversion

Lorsque les visiteurs sont intrigués par ce que vous offrez (sur votre site Web ou en personne), certains d'entre eux se " convertissent " en utilisateurs inscrits ou en clients payants.

Les " événements de conversion " sont les événements critiques pour les entreprises.

Par exemple, un visiteur du site Web peut d'abord se convertir en utilisateur inscrit. Puis, après avoir utilisé votre application pendant un certain temps, il peut se convertir en client payant.

Vous apprendrez l'optimisation de la conversion par le biais de Landing Pages, A/B

Testing et Ads.

III. Engagement

Au moment de l'engagement, nous avons déjà acquis des utilisateurs et les avons convertis en utilisateurs enregistrés.

Mais maintenant, nous avons besoin qu'ils *engagent* s'ils doivent nous payer un jour.

Beaucoup d'entreprises prennent les utilisateurs par la main pour leur apprendre comment le produit fonctionne. Parce que les utilisateurs éduqués sont plus susceptibles de devenir des acheteurs.

IV. Revenus

Votre revenu par client peut être maximisé par la réduction des coûts, l'optimisation du taux de conversion, l'optimisation des prix, la vente croisée d'autres produits et la fidélisation.

Malheureusement, ce sujet n'entre pas dans le cadre de ce manuel.

V. Référence

Vous devez faire en sorte que votre produit soit si bon que les clients fassent vos ventes à votre place. C'est la façon la plus rentable de faire croître votre entreprise à long terme.

Heureusement, vous n'avez pas besoin d'être une application de consommation virale pour y parvenir. De nombreuses entreprises B2B se développent exclusivement grâce au bouche-à-oreille.

Boucles d'entonnoir de croissance

Réussir à l'acquisition

Ce manuel se concentre sur les deux premières étapes de l'entonnoir : **Acquisition** et **Conversion**.

Présentons donc la froide réalité de l'acquisition.

Réussir sur les chaînes payantes

La plupart des entreprises sont incapables d'acquérir de façon rentable des utilisateurs payants par le biais de réseaux publicitaires tels que les annonces

Facebook, les annonces Instagram et Google AdWords.

S'ils *font* fonctionner un ou plusieurs de ces canaux, c'est le Saint Graal s'ils sont associés à un fort bouche-à-oreille : Les canaux payants vous permettent d'évoluer rapidement et de façon importante, tandis que les recommandations de clients (non payants) réduisent le coût moyen d'acquisition des clients.

Pourquoi est-il difficile de faire fonctionner un canal payant ?

Voici les critères qui déterminent le succès :

Marge de profit - Le montant du profit que vous gagnez par vente est essentiel. Considérez qu'il est difficile d'acquérir un client de commerce électronique pour moins de 25€ sur Facebook ou Instagram, qui sont généralement les canaux publicitaires les moins chers (je mets de côté certains canaux qui ne sont moins chers mais moins qualitatifs). Si vous ne gagnez pas au moins ce montant au cours de la vie d'un client, ces canaux ne seront pas viables. Notez que pour les entreprises SaaS c'est bien plus cher : il faut généralement au moins quelques centaines d'euros pour acquérir un client.

Taille du marché adaptée - La taille de votre marché est importante. Elle est déterminée non seulement par le nombre de personnes qui *veulent* votre produit, mais aussi par le nombre de personnes qui *sont réellement capables d'acheter* votre produit (par exemple, qui ne sont pas limitées géographiquement), qui veulent *votre produit particulier*, qui le veulent *maintenant* et qui peuvent *se le permettre*. L'audience résultante est plus petite que ce que les spécialistes du marketing estiment. Et pour étendre Facebook et Instagram, vous voudrez faire de la publicité auprès de quelques millions de personnes. Ce montant n'est *pas* nécessaire pour diffuser des annonces avec succès - tout simplement **idéal**).

Degré de demande de produit - Dans quelle mesure votre marché adressable veut-il votre produit ? Si votre produit est une *niche* non critique, vous êtes désavantagé par rapport à,
disons, quelqu'un qui vend de l'assurance maladie à des personnes ayant un besoin urgent d'assurance maladie. En bref, plus les gens ont vraiment besoin de vous, ou plus les gens achètent déjà votre catégorie de produit, plus votre discours résonne.

Pour réussir avec les annonces, votre produit **doit franchir un seuil pour les trois critères** :

Seuil de Profit - Vous devez gagner par client *au moins* autant qu'il en coûte pour acquérir un client sur ce canal publicitaire. Toutefois, vous pouvez inclure les gains générés par les clients que le client payant vous a envoyés.

Seuil de taille de marché - Vous devez avoir un marché adressable suffisamment grand pour être identifié en masse par le ciblage du canal publicitaire. ☐Cela dépend du canal.) Sinon, vous saturerez votre petite audience et n'atteindrez pas certains paliers.

Seuil de demande de produits - Vous voulez vendre une catégorie de produits que les gens achètent déjà ou qu'ils pensent instinctivement devoir acheter lorsqu'ils en prennent connaissance. Pour atteindre ce dernier objectif, vous avez besoin d'un produit qui soit extrêmement attrayant.

Vous ne saurez pas définitivement si votre produit franchit ces seuils avant d'avoir dépensé une somme statistiquement significative sur chaque canal publicitaire. Cela se situe souvent autour de 1 000 à 2 000€ par canal.

Sur le guide "**Canaux de publicité**", je vous guiderai pour chaque canal).

Si vous ne franchissez pas ces trois seuils et que les canaux publicitaires ne sont donc pas viables, vous vous en remettrez plutôt au bouche-à-oreille, au marketing de contenu, aux relations publiques, aux ventes et à d'autres canaux non rémunérés qui coûtent moins cher par acquisition de client.

C'est tout à fait normal. Il n'est pas nécessaire de réussir l'acquisition de clients payants. C'est simplement utile parce que cela vous permet d'évoluer facilement. Et le seul autre canal facile à développer est la viralité. Donc, si vous ne parvenez pas à faire fonctionner l'un ou l'autre, vous vous engagez dans une longue voie de croissance.

Réussir sur les chaînes non payantes

Voici les critères de succès des quatre canaux non rémunérés les plus efficaces :

Contenu optimisé par les moteurs de recherche - Votre produit est-il quelque chose que les gens *sont déjà en train de chercher en masse sur Google* ? Alors le Content Marketing est viable. En fait, votre compétence principale en marketing devrait maintenant être *l'optimisation du contenu* : engagez des rédacteurs plutôt que des experts en publicité. Écrivez, écrivez, écrivez.

Effets de réseau - Les effets de réseau exigent que les utilisateurs reconnaissent et se soucient d'une expérience de produit considérablement améliorée lorsqu'ils invitent d'autres personnes. Cela arrive rarement. Cela ne se produit généralement que dans les réseaux sociaux (par exemple, WhatsApp) ou dans les applications de collaboration d'affaires générales (par exemple, Slack, Dropbox).

Bouche-à-oreille - la croissance qui se produit en dehors de vos efforts de marketing. C'est lorsque les gens vous annoncent volontairement aux autres. Le critère de réussite du bouche- à-oreille est de savoir si votre produit a fait mouche. Si c'est le cas, génial, vous vous développerez grâce au bouche-à-oreille, et cela ne vous coûtera rien - mais cela pourrait prendre des années pour faire boule de neige et devenir une énorme clientèle. Pour accélérer le bouche-à-oreille, rendez le partage facile et amusant pour les gens.

Ventes - Le critère de succès des ventes est de savoir si vous pouvez faire parler vos clients idéaux (par exemple par téléphone, par courriel ou en personne). Notez que les ventes ne s'appliquent qu'aux entreprises dont les marges bénéficiaires sont très élevées (généralement plus de 1 000 €☐ parce que les coûts de main-d'œuvre liés à la recherche, au lancement et à la négociation de chaque vente doivent être récupérés.

Tout le reste - Parmi les autres canaux non rémunérés, la plupart sont souvent inefficaces. Les relations publiques et les médias sociaux, par exemple, ne fonctionnent généralement que pour une poignée d'entreprises (respectivement les exploiteurs de tendances et les entreprises de style de vie). Et ces canaux n'entrent pas dans le cadre de ce manuel.

Ne vous concentrez pas uniquement sur l'acquisition payante

Même les entreprises qui font fonctionner les canaux publicitaires ne les font pas souvent fonctionner à grande échelle pendant plus de quelques mois.

En fin de compte, les audiences peuvent saturer et la diminution des rendements peut tuer la rentabilité. Vous devriez donc planter les graines pour que d'autres canaux réussissent à long terme :

SEO - Dès le premier jour, écrivez du contenu pour le SEO. Il faut des mois - souvent plus d'un an - pour que le contenu atteigne la première page de Google.

Qualité du produit - Construire un produit étonnant dont les gens ne peuvent pas s'empêcher de parler. Ensuite, encouragez davantage le bouche-à-oreille par le biais de programmes de référencement ou de renforcement de la communauté. Ces programmes coûtent relativement peu et peuvent fonctionner en pilote automatique.

Optimisation de l'entonnoir - Plus votre entonnoir est performant, plus vous pouvez tolérer une diminution des performances publicitaires. Ne comptez donc pas exclusivement sur l'optimisation des publicités pour réduire vos coûts d'acquisition de publicités ; ayez également le site Web le mieux adapté, le flux d'intégration et l'expérience de vente croisée pour recevoir chaque dollar possible d'utilisateurs satisfaits.

Nous sommes prêts à vous présenter le plan de croissance minimum viable que tout le monde devrait suivre.

Le plan de croissance minimum viable

Construire un produit étonnant qui encourage naturellement le bouche à oreille.

Démarrez le bouche-à-oreille avec du trafic publicitaire payant. Même si c'est temporairement non rentable.

Maintenant, dépensez la majorité de vos ressources marketing en optimisant votre entonnoir de croissance : A chaque étape, A/B Test conversion sur le trafic que vous payez.

Une fois que vous disposez d'un entonnoir rentable et rationalisé, il est temps de passer à l'échelle. Testez agressivement chaque canal potentiellement viable.

Les bonnes tactiques de croissance pour votre entreprise

Avec notre plan de croissance en main, il nous manque une chose : ce que mon expérience de la croissance pour plus de 40 entreprises me suggère est la meilleure tactique pour votre entreprise.

Entreprises B2C

Si vous vendez aux consommateurs :

Les entreprises **de commerce électronique B2C** qui vendent **des biens physiques** - Vous réussirez très probablement avec - Instagram Ads] (https://business.instagram.com/), et les relations publiques. Vous pourriez réussir avec Pinterest Ads, Google AdWords, et Google Shopping.

Application mobile B2C - Vous réussirez très probablement avec Instagram Ads] (https://business.instagram.com/) et Apple Search Ads] (https://searchads.apple.com/). Vous pourriez réussir avec Snapchat Ads, TapJoy, et les recommandations.

Application SaaS B2C - Vous réussirez très probablement avec les ☐Annonces Facebook] (https://www.facebook.com/business) et le ☐Marketing de contenu]. Vous pourriez réussir avec Google AdWords et les programmes d'affiliation.

B2C (ou B2B) - Vous réussirez très probablement avec Facebook Ads, Instagram Ads, Yelp Ads, Content marketing et Relations Presse. Vous pourriez réussir avec Snapchat Ads, Google AdWords, Google Display Ads, et les affiliés.

Note , *ARPU = Average Revenue Per User / Revenu moyen par utilisateur.*

Entreprises B2B

Si vous vendez aux entreprises :

Niche B2B avec un revenu moyen par utilisateur ❑ARPU❑ élevé - Un exemple de cette catégorie est un logiciel d'entreprise facturant plus de 1 000 € par mois. Vous réussirez très probablement avec des ventes directes / Sales (courriel à froid, réseautage et messages LinkedIn) et la génération de prospects par le biais de Facebook Ads et Google AdWords. Vous pourriez réussir avec Instagram Ads et du content marketing.

Par exemple, un logiciel qui facture 100 € par mois pour aider à la comptabilité des petites entreprises. Le point précédent s'applique ici aussi, avec deux ajustements :

1. Vous pourriez être en mesure de reporter les ventes directes en faveur d'annonces. Les annonces sont plus faciles et plus rapides à mettre à l'échelle.

2. Le marketing de contenu est susceptible de fonctionner et devrait être prioritaire.

Niche B2B avec un faible ARPU - Par exemple, un produit logiciel pour les développeurs web qui facture 25 € par mois.

Repensez votre modèle d'affaires si vous voulez gagner plus de 2 Millions d'euros par an, car il est peu probable que vous le fassiez. Les entreprises B2B de niche avec un faible ARPU ne peuvent se permettre ni les canaux publicitaires *ni les ventes directes*.

Large B2B avec un faible ARPU - Par exemple, un produit logiciel pour les spécialistes du marketing qui facture 25 € par mois. Vous réussirez très probablement avec du Content Marketing et Google AdWords. (et Apple Search Ads si vous êtes une application mobile). Vous pourriez réussir avec un programme de parrainage également.

Retrouvez les **hacks** pour votre business, ils sont applicable à la plus grande majorité des entreprises ou activités. Que vous soyez débutant ou confirmé cet ebook vous apportera des connaissances dans de multiples domaines bénéfiques pour votre entreprise.

Le **Growth Hacking** ce n'est pas juste **quelques tips ou astuces**, c'est une façon de penser et d'agir. Vous devez être rusé pour faire mieux que vos adversaires ou vos concurrents, pensez différemment, comment détourner un outil et son utilisation première ? Comment retrouver des données dont j'ai besoin via la combinaison d'outils ? Comment faire pour que je sois vu, sur internet ou dans la rue ?

Dans cet ouvrage je vous donne des conseils mais tout ce que vous allez essayer, **vous devez le mesurer**, penser différent et encore essayer, mesurer, inventer de nouvelles astuces.

Les Hacks

Hack #1 Nouveaux abonnés ?

Objectif du Hack : Augmenter ses abonnés sur YouTube.

Processus : Suivez ces 8 étapes

• Ajoutez un écran de fin de 20 sec de ce type au montage.

• Ajoutez **"?sub_confirmation=1"** à la fin de l'url de votre chaîne. Créez un short url et ajoutez le dans votre description. Cela affichera une pop up d'abonnement comme ceci:

• Rappelez de s'abonner et liker dans la vidéo (peut se faire via un montage pour éviter d'être lourd)

• Posez une question à la fin pour maximiser les commentaires.

• Insérez la vidéo dans une playlist pour que les viewers enchaînent vos vidéos.

• Rédigez une description de 300 mots avec les mots clés importants dans les 2 premières lignes pour améliorer votre référencement sur YouTube.

• Ajoutez des sous-titres pour aider l'algorithme de YouTube à analyser vos mots-clés pour vous référencer.

• Ramenez vos communautés d'autres réseaux sociaux (stories insta) dès la sortie de la vidéo pour maximiser les signaux positifs.

• Utilisez TubeBuddy pour faire de l'A/B testing sur les miniatures et les titres

Outils : TubeBuddy

Hack #2 On sait tous que si l'on veut être bien référencé sur Google il faut :

• **Traiter un sujet de A à Z #GuideComplet**

• **Intégrer du contenu riche : photos, graphiques, vidéos...**

Un article de 3000 mots, c'est super comme ressource.

Par contre pour l'utilisateur, c'est looooong à lire et c'est compliqué de se souvenir de tout.

Objectif du Hack : Générer des leads.

Processus : Créez une checklist Pdf à partir d'un long article.

Reprenez les points les plus importants et listez les sur un document pdf d'une page.

Proposez à vos lecteurs de le télécharger en échange de leur email à la fin de l'article.

Par exemple, Marketing Mania qui propose de télécharger "La Checklist de la hiérarchisation visuelle".

Outils : **Canva - Thrive Leads**

Hack #3 Il existe des dizaines d'outils en Growth Hacking.

Le plus important n'est pas de tous les tester, mais plutôt d'en choisir quelques-uns et d'apprendre à les combiner à la perfection pour obtenir des résultats stratosphériques.

Objectif du Hack : Créer une machine à lead.

Processus : Utilisez l'API LinkedIn Lead Generation Workflow de **Phantombuster** pour récolter un fichier CSV avec toutes les informations de vos prospects sur Linkedin (prénom, nom, email, entreprise...).

Exportez ce fichier et ajoutez le à l'outil DropContact.io pour compléter les informations, comme l'email qui n'est pas toujours récupéré sur Linkedin.

Importez cette nouvelle liste hyper complète dans Lemlist et créez une séquence d'emails automatisée et super personnalisée (prénom, nom de l'entreprise, photos, vidéos...).

Tips : toujours envoyer un email qui aide le prospect. La partie vente arrive quand on a réussi à convaincre de sa valeur et sa crédibilité. Si cela demande 2 ou 3 emails qui apportent de la valeur avant de parler de son produit, alors faîtes le, vous ne serez pas déçu.

Avant d'envoyer le premier email, vous pouvez mettre une petite couche de réchauffage sur Twitter..

N'oubliez pas d'optimiser vos envois d'email en "A/B testant" les messages et les sujets pour obtenir de meilleurs taux d'ouverture et de clics.

Reproduisez les étapes et régalez vous.

Outils : **Phantombuster - Dropcontact - Lemlist**

Hack #4 : Ramasser les pots cassés, sans payer.

Quel est le prospect le plus facile à convaincre d'essayer votre offre ?

Une personne qui est intéressée par votre domaine ? **Non.**

Une personne qui utilise déjà votre type d'offre ? **Non.**

Une personne qui utilise l'offre d'un concurrent ? **Non.**

Une personne qui utilise l'offre d'un concurrent mais qui n'en est plus content ? **OUI.**

Objectif : Récupérer les clients mécontents de ses concurrents.

Processus : Cherchez le compte Twitter support / assistance de son concurrent. S'il n'a pas de compte spécifique, aller directement sur son compte Twitter global.

Cliquez sur l'onglet « Tweets et réponses » pour découvrir ses discussions avec ses clients.

Récupérez les twitter handle de toutes les personnes qui se plaignent / ont eu une expérience négative.

Répondez à chaque personne en leur proposant une solution (ou un discount) à leur problème s'ils switchent pour votre solution. Vous pouvez programmer l'envoi de Tweet en utilisant un outil comme Hootsuite.

Outils : **Hootsuite**

Ici j'ai pris l'exemple de Twitter, mais il existe beaucoup d'autres plateformes : **Trustpilot, avis Google My Business, avis Facebook page**...

Hack #5 : Obtenir de l'attention

"Bonjour, je viens d'écrire un article sur.., est-ce que vous pourriez le partager sur votre page ?"

Un vrai moment de solitude.

Objectif : Obtenir le partage d'influenceurs pour générer des leads.

Processus : Faites une liste de 30 influenceurs/experts dans votre industrie.

Seul pré-requis : ils doivent avoir votre cible en audience, sinon cela aura un impact plus faible.

Imaginons que votre cible sont des Marketers d'entreprises SAAS B2B qui suivent des Growth Hackers.

Créez un questionnaire Typeform avec une seule question hyper spécifique.

Exemple : quel est votre Growth Hack favoris pour générer du lead pour des entreprises SAAS B2B ?

Limitez le nombre de mots en réponse pour garder de la cohérence entre les réponses.

Envoyez un email à chaque Growth Hackers en lui disant que vous allez créer une Infographie et que vous aimeriez beaucoup qu'il en fasse partie en vue de son expertise. #ego

Envoyez plusieurs emails en follow up jusqu'à ce que la personne réponde. Soyez sympa, cela montre votre détermination et l'importance que vous accordez à la personne. #ego

N'hésitez pas à mentionner les personnes qui participent déjà pour convaincre. #ego

Créez l'infographie, publiez là sur un article de votre blog et envoyez leur par email en les remerciant : "25 Growth Hackers partagent leur meilleur Hack pour générer du lead pour un SAAS B2B."

Ne leur demandez pas de partager, ils vont le faire d'eux mêmes.

Outils : **Typeform - Lemlist - Canva**

Hack #6 : Faire une vidéo pour augmenter l'engagement

Pas de compétences en montage, pas de... si si, vous aussi vous allez créer des vidéos.

 **Objectif : Créer du contenu vidéo pour augmenter l'engagement de son audience et
générer des leads.**

Processus : Choisissez un de vos meilleurs articles.

- Créez un compte gratuit sur **Lumen 5** et copiez le lien de votre article.

L'outil va vous aider à retirer les points clés de l'article pour créer une vidéo engageante en quelques minutes avec des centaines de templates.

Il est possible de faire des vidéos et des stories adaptées à Facebook et Instagram.

Parfait pour recycler du contenu et maximiser votre engagement sur les réseaux sociaux.

1 article = 1 vidéo ? :)

☐**Outil : Lumen 5**

Hack #7: Il est temps de fermer la porte de sortie de votre site internet.

Objectif : Réduire le nombre de personnes qui quittent votre site internet sans rien faire.

Processus : Allez sur Google Analytics et classez les pages avec le plus gros taux de sortie.

Google Analytics > Comportement > Contenu du site > Page de Sortie.

Créez une **exit pop up** sur les 5 pages qui ont le taux de sortie le plus élevé.

Proposez une ressource en échange d'un email : ebook, checklist, newsletter...

Lorsqu'un visiteur souhaitera sortir de votre site, l'exit pop up apparaîtra.

Si la ressource est assez attractive, votre visiteur la téléchargera en laissant son email.

Il devrait alors être envoyé vers une nouvelle page de remerciement.

Cette page peut à son tour proposer une liste de vos meilleurs articles pour garder le visiteur sur le site.

Outils : **Thrive Leads - Outgrow**

Hack #8: "Excusez moi, où est la plage ?"

"Dans quelle direction est l'église ?"

"Où est-ce que je peux trouver des toilettes ?"

Ne vous inquiétez pas, on est là pour vous aider.

Objectif : Générer des visites dans son magasin.

Processus : Créez une pancarte multi-signe indiquant la direction des lieux importants de votre ville. Placez la devant votre magasin la journée.

L'idée est d'aider les passants / touristes à se repérer.

Une des pancartes pointe vers votre magasin en indiquant votre offre :

- Le meilleur café de Paris
- Les meilleurs souvenirs de Paris
- ....

Vous captez l'attention de votre cible, vous lui apportez de la valeur et la rapprochez ^{intelligemment} de votre porte d'entrée.

Outils : **Une bonne palette, une scie et 2-3 clous.**

Hack #9: Top fans vs Haters.

Recevoir des avis positifs, c'est ce qui permet d'avancer. Recevoir des feedbacks négatifs, c'est ce qui permet d'avancer, aussi.

Il est essentiel de comprendre :

Qui sont les utilisateurs qui raffolent de notre offre ? Et pourquoi ?

Qui sont ceux qui trouvent ça ok ? Et pourquoi ?

Qui sont ceux qui ne sont pas vraiment convaincus ? Et pourquoi ?

Objectif du Hack : Segmenter ses utilisateurs par intérêt du produit.

Processus : Programmez un email avec un Net Promoter Score à envoyer à vos clients quand ils ont assez utilisé votre produit.

Demandez à vos clients "Quelle est la probabilité que vous recommandiez [votre service] à un collègue? "avec 0 à 10 en échelle de notation.

Si vous voulez avoir plus de détails, une deuxième question très basique : "Pourquoi ?".

Grâce au score du NPS, vous serez capable de déterminer :

Les promoteurs (score 9/10). Demandez-leur de partager votre produit à leurs collègues.

Les passifs 7/8. Demandez-leur ce qui manque pour obtenir 9 ou 10.

Les détracteurs 0/6. Demandez-leur quelle est l'amélioration prioritaire à mettre en place.

Après 20 Hacks, il est temps de vous demander : Quelle est la probabilité que vous recommandiez "Les p'tits hacks marketing" à un collègue / ami ? :)

☐ **Outil : Typeform - Sendinblue - Delighted**

Hack #10 : Il fait quoi du coup ? J'ai rien compris.

Vous êtes à un événement de Networking, vous serrez pleins de mains.

On vous demande : "Tu fais quoi toi ?"

"Je lance une solution de Blockchain algorithmique avec de l'IA et du machine learning pour maximiser les échanges et rationaliser les coûts des grands groupes du CAC 40".

Et là, c'est le drame.

Objectif du Hack : Pitcher son concept en 30 secondes.

Processus : Suivez ces 3 étapes super simple :

"Vous savez quand..." : nommez votre cible et son problème

"Chez [votre entreprise], nous..." : expliquez votre solution

"En faite..." : donnez des preuves de crédibilité (nombre de clients, partenariats..)

C'est aussi simple que ça : Problème + Solution + Preuves.

Allez, je me lance pour vous aider :

Vous savez quand on développe sa startup, il est souvent difficile d'acquérir de nouveaux utilisateurs, de les convertir en clients payants et de les faire revenir régulièrement.

Je suis Growth Marketer freelance, j'accompagne les startups dans la construction de leur stratégie Marketing et la mise en place de tactiques pour booster leur croissance.

.

☐ **Outil : Un miroir ☐.**

Hack #11: Habillé pour l'hiver.

Vous avez une petite idée de projet en tête ?

Vous avez besoin d'un nom, un logo, un site internet, des cartes de visites...

Woulalala ça va être cher.

STOP.

Oui c'est important de passer par des experts pour optimiser son image de marque.

Mais on optimise pas 0.

On peut commencer par tester son idée seul.

Avant de passer du temps à faire des devis, à trouver le nom et le logo de vos rêves sortez votre idée le plus rapidement de terre pour valider le marché.

Objectif du Hack : Créer son logo et son branding en 15 min gratuitement.

Processus : Allez sur **Launchaco** et tapez votre nom pour voir les disponibilités de nom de domaines.

Une fois que vous avez votre nom, il vous faut un logo.

Toujours sur Launchaco, créez un logo en 2 minutes grâce à leur super simulateur.

Vous avez un nom de domaine et un logo, youpi.

Allez sur Brandbuilder et importez votre logo.

L'outil va vous aider à assortir tout votre branding : couleurs, polices, photos de profil, cartes de visite...

Vous n'avez plus qu'à créer une jolie landing page pour présenter votre concept.

J'adore Divi sur Worpdress parce que c'est trèscomplet et ça permet de faire bien évoluer son site.

Petit bonus : allez voir tous les réseaux sociaux disponibles pour votre nom sur Knowem.

Outils : **Launchaco - Brandbuilder - Knowem - Divi**

Hack #12 : Tu as aimé ? Tu vas adorer.

Sur Linkedin, Il y a 2 types de profils évidents qui sont intéressés par les services que vous proposez:

Les personnes qui likent vos publications en relation avec votre activité sur Linkedin.
Les personnes qui likent les publications de vos concurrents sur Linkedin.

Pas de jaloux, on aime les 2.

Objectif du Hack : Générer des leads qualifiés sur Linkedin.

Processus : Utilisez l'API Linkedin *Post Likers* de Phantombuster pour extraire les profils Linkedin de toutes les personnes qui likent vos publications et celles de vos concurrents.

Récupérez le fichier CSV et ouvrez le en spreadsheet sur Google Drive.

Imaginons que vous proposez un service à des Experts Comptables.

Faites "Control + F" et écrivez "comptable".

Vous aurez alors tous les comptables qui ont liké en vert.

Vous n'avez plus qu'à cliquer sur le lien de leur profil Linkedin.

Vous pouvez alors leur envoyer un message personnalisé en leur proposant votre service (peut être trop forceur) ou en offrant du contenu gratuit pour les aider (toujours donner avant de recevoir)

☐ **Outil : Phantombuster**

Hack #13 : Je connais ton problème par coeur. Et j'ai la solution.

"Bonjour Monsieur,

Je m'appelle X, je suis Y, je peux faire Z".

Un email de prospection doit être à propos de son destinataire et du problème que l'on peut lui résoudre.

L'objectif est de lui apporter de la valeur pour le convaincre.

Cet email doit donc être le plus personnalisé possible.

Objectif du Hack : récolter un maximum d'informations sur ses prospects pour personnaliser sa campagne d'email.

Processus : utilisez l'outil Pipedrive pour créer une base de donnée avec tous vos prospects.

Intégrez l'outil Dropcontact à Pipedrive.

Cela vous permettra d'enrichir un maximum d'informations sur chaque fiche prospect : fonction, email, photo, liens vers les réseaux sociaux, nom de l'entreprise taille de l'entreprise, numéro de SIREN, etc...

Vous avez dorénavant une meilleure compréhension de qui sont vos prospects et vous pouvez les contacter en personnalisant votre approche par email via Lemlist.

Au fur et à mesure de vos discussions avec les prospects, vous allez déterminer quel type de prospect est plus facile à convertir.

Vous allez trouver des similitudes entres les profils grâce à toutes les informations que vous avez récupéré à leur sujet.

Vous saurez donc plus facilement quelle cible est la plus rapide à closer afin de vous concentrer dessus.

Outils : Pipedrive + Dropcontact + Lemlist

Hack #14 : Le p'tit tweak qui fait la diff.

Au final, votre cible s'en fiche un peu si vous êtes CEO, CMO, COO, Co-fondateur de...

Par contre, si vous "aidez les marketeurs à trouver des nouvelles tactiques pour générer des leads", c'est plus parlant.

Et en plus, ça marche.

Objectif du Hack : Générer des leads sur Linkedin.

Processus : Changez votre headline sur Linkedin pour avoir un titre clair & attractif avec un url simple à noter.

Transformez *"CEO de X"*

En **"J'aide les [cible] à [bénéfice principal] sur [site internet]"**

Ou directement un lead magnet "10 conseils pour [bénéfice principal] sur [site internet]"

De mon côté, j'ai opté pour :

"Votre crédit immobilier sans courtier en 5 minutes sur misapret.com"

À chaque fois que je publie ou commente sur Linkedin, j'augmente la visibilité de ma proposition de valeur.

Et ça marche, voici une screenshot du nombre d'inscriptions à cette newsletter en une journée lorsque j'ai fais une publication :

La source "direct" représente une partie des personnes qui ont lu ma headline et ont tapé par eux même misapret.com pour s'inscrire.

Vous pouvez tester différentes headline et voir ce qui fonctionne le mieux en mesurant l'impact sur Google Analytics.

N.B. : Je suis capable de déterminer que le trafic direct vient de LinkedIn car j'ai fait très peu d'actions Marketing et de communication autour de la newsletter en dehors de LinkedIn.

Outils : Google Analytics

Hack #15 : Il y a quoi sous la carrosserie ?

Le timing pour conclure un deal, c'est la clé.

La personne fait partie de notre cible, mais est-elle prête ?

Est-ce le bon moment pour elle d'utiliser notre solution payante ?

Un bon moyen de hacker cette question, c'est d'aller voir les personnes qui utilisent déjà un service concurrent.

Et pour ça, quand on a un produit tech, il y a **Builtwith**.

Objectif du Hack : Générer des leads qualifiés par technologie.

Processus : Allez faire un tour sur Builtwith et cherchez les sites internet avec une technologie spécifique.

Imaginez que vous avez une solution d'A/B testing.

Cherchez tous les sites utilisant l'outil Optimizely et téléchargez la liste.

Vous obtenez un fichier CSV avec une tonne de colonnes, dont une avec "people" qui recense les emails des membres de l'équipe.

Organisez le fichier pour n'avoir qu'une personne par ligne.

Ajoutez ce nouveau fichier à Dropcontact, il va vérifier chaque email et enrichir encore plus les données.

Envoyez un email au POC le plus pertinent suivant votre activité et expliquez lui pourquoi votre offre va lui permettre de gagner du temps, de l'argent et améliorer ses performances.

Et proposez une démo.

Outils : Builtwith + Dropcontact + Lemlist

Hack #16 : Ça s'en va et ça revient.

Créer du contenu, c'est long, et régulièrement, c'est dur.

Pourtant ça a tellement d'avantages : trafic, crédibilité, conversion...

Alors comment continuer à amener du trafic quand on est en panne sèche de contenu ?

Objectif du Hack : Générer des leads via un contenu externe.

Processus : Choisissez un article qui ne provient pas de votre site mais qui peut apporter de la valeur à votre audience.

Ajoutez le dans l'outil **Shary**.

L'outil va vous proposer de faire apparaître une petite pop up sur l'article avec un call to action.

Par exemple : « Téléchargez notre ebook gratuit pour... » , « Découvrez notre offre de... »

Essayez d'adapter votre pop up pour la contextualiser avec le contenu que vous partagez.
Une fois la pop up personnalisée, Shary va générer un nouvel url qui comportera

l'url de l'article modifié pour faire apparaître la pop up.

Partagez le lien sur vos réseaux sociaux ou par email.

Cela permet de ramener du trafic sur votre site même si vous partagez un contenu externe.

Regardez votre audience partir, puis revenir :).

☐ **Outil** : Shary https://shary.io/

Hack #17: Pas d'image, pas de partage.

Vous avez créé un super contenu sur votre site.

Vous avez trop hâte de le partager sur tous vos réseaux sociaux.

Et au moment où vous le copiez collez, l'image de la publication part en cacahuète.

L'aperçu marche sur Twitter, mais pas Facebook par exemple.

Ça vous rend dingue, mais vous êtes trop impatient et vous partagez quand même.

L'impact de la publication est réduit, et donc le trafic généré aussi.

Objectif du Hack : Harmoniser l'image des publications sur vos réseaux sociaux.

Processus : Entrez l'url de votre site sur Heymeta.

Vérifiez que toutes les méta-données sont correctes : titre, image, description...

Générez les Meta tags.

Copiez collez les Meta tags dans la partie header du code de votre site internet.

Partagez vos articles en paix.

☐ **Outil : Heymeta**

Hack #18 : C'est sold out. Enfin...

Google Ads est une solution publicitaire hyper puissante.

Tout simplement parce qu'elle amène du trafic qualifié, c'est à dire des personnes qui ont fait une recherche au sujet de votre offre (contrairement à Facebook).

Et si c'était possible d'arriver au même résultat gratuitement ?

Objectif du Hack : Générer des leads hyper qualifiés gratuitement.

Processus : Mettez votre produit en vente à un prix cassé sur une plateforme de vente entre particulier comme leboncoin ou encore Facebook Marketplace.
Lorsque vous recevez un message d'une personne intéressée, répondez :

"Je suis désolé, le produit est vendu.

Par contre si vous êtes intéressé par ce produit en particulier, je l'avais acheté sur www.votresiteinternet.com/pageproduit.

Bonne journée"

Vous allez donc amener du trafic hyper qualifié sur votre site internet, gratuitement.

Proposez un discount temporaire sur votre site pour augmenter vos chances de conversion.

Outils : **leboncoin - Facebook Marketplace**

Hack #19: Hey coucou ! Besoin d'un coup de pouce ?

Lorsque l'on découvre une offre qui nous intéresse sur un site internet, on n'hésite pas à aller plus en profondeur.

On va lire la liste des fonctionnalités, regarder une vidéo démo, comparer le tableau de pricing, et même checker des avis sur Google.

Mais c'est quand même rare de payer directement pour essayer.

Parfois, il nous manque juste un petit coup de pouce pour passer à l'action.

Objectif du Hack : Augmenter le taux de conversion de son site.

Processus : Installez le live chat Crisp sur votre site internet.

Mettez en place des scénarios :

Quand l'utilisateur fait X sur mon site ⇒ Le live chat envoie Y ⇒ Pour atteindre le résultat Z.

Exemples :

Quand un utilisateur reste plus de 20 secondes sur le tableau des prix, le live chat envoie un message en proposant un code pour rallonger la période d'essai, pour augmenter le taux d'inscription.

Quand un utilisateur arrive à 80% de la page features de mon site, le live chat envoie un message proposant de regarder une vidéo démo complète, pour donner plus envie à l'utilisateur de tester le produit.

Quand un utilisateur reste plus de 40 secondes sans rien faire, le live chat envoie un message demandant s'il a une question et lui propose des ressources pour l'aider dans sa prise de décision, pour engager avec l'utilisateur et le convaincre d'essayer.

De cette manière, l'utilisateur est accompagné dans son processus de décision et guidé vers la conversion selon son comportement sur le site.

Et puis, en cas de questions plus précises, pouvoir parler avec un humain directement est toujours hyper rassurant.

☐ **Outil** : Crisp

Hack #20 : Dis moiii, si j'dois changer ou pas.

On nous le rabâche tout le temps : il faut construire son offre avec ses utilisateurs, aller parler à sa cible, récupérer des feedbacks.

On est tous d'accord. On le répète même autour de nous.

Mais entre vous et moi, est-ce qu'on le fait vraiment ?

Allez, il est temps de s'y mettre.

Objectif du Hack : Engager ses utilisateurs pour recueillir du feedback.

Processus : Installez l'outil **Hotjar feedback polls** sur votre site.

Vous pouvez installer la pop-up pour qu'elle apparaisse uniquement pour des visiteurs spécifiques ou après qu'ils aient réalisés une action clé.

C'est hyper personnalisable : emojis de content à pas content, questions, NPS...

Sinon, vous pouvez aussi insérer la possibilité de vous contacter facilement pour partager une idée ou un feedback.

C'est ce que j'ai fais à la fin de chacun de mes emails :

"Une demande, une idée ? Répondez directement à cet email :)"

Le résultat ?

Je reçois en moyenne 2 messages de feedbacks par jour.

Cela me permet de mieux comprendre les besoins, d'améliorer le contenu et surtout de discuter, ce qui est vraiment cool :).

Le fondateur de *Nomadlist* permet à ses utilisateurs de lui faire remonter les bugs hyper facilement grâce à une petite fenêtre en bas à droite du site.

Chaque matin, il répare chaque bug en prenant son café et en profite pour remercier chaque utilisateur personnellement #carehacking.

☐ **Outil : Hotjar**

Hack #21 : ils le disent tous. Laissez-vous tenter :)

On fait du bon travail, nos utilisateurs sont contents.

On le sait car on leur a demandé.

Il est temps d'utiliser tout ces feedbacks pour convaincre les prospects les plus réticents.

Quoi de mieux qu'une flopée de témoignages positifs pour prouver qu'on a la meilleure offre ?

Objectif du Hack : Générer des leads grâce à ses utilisateurs.

Processus : Récupérez les témoignages de vos utilisateurs en leur envoyant un email après un NPS positif.

Placez ces témoignages sur votre site.

Rédigez des études de cas pour présenter le contexte, l'objectif, votre solution et les résultats

atteints grâce à vous, accompagnées des témoignages positifs du client.

Partagez un témoignage positif sur vos réseaux sociaux de temps en temps.

J'avais ajouté le lien d'inscription en commentaire.

Voici les résultats d'inscriptions en une journée :

87 inscriptions à cette newsletter. Taux de conversion à 61% (élevé en partie grâce à tout le travail de persuasion qui a été fait via le post Linkedin).

Les témoignages positifs sont une super méthode de preuve sociale pour convaincre que votre offre est pertinente et efficace.

Il est donc primordial d'ajouter un CTA à la fin des témoignages.

Outils : **Divi - Slideshare**

Hack #22 : C'est une bonne situation ça Scribe ?

Le copywriting, ou la rédaction persuasive, c'est l'art de vendre avec les mots.

C'est une discipline qui prend du temps à maîtriser.

Mais il y a des bonnes pratiques qui sont faciles à implémenter.

Objectif du Hack : Optimiser la conversion de la landing page.

Processus : Améliorez le message de votre landing en suivant ces 7 astuces :

Parlez plus des bénéfices que du produit et de ses features.

> Une haleine fraîche et des dents blanches VS Le nouveau dentifrice Colgate à la menthe.

Soyez précis.
> Réduisez jusqu'à 60% de vos impôts par an VS Réduisez vos impôts.

Mentionnez votre cible.

> Les meilleurs outils pour tout péter en freelance VS Les meilleurs outils pour développer son activité

Pensez CTV - Call to value plutôt que CTA - Call to Action.

> Recevoir le 1er Hack VS S'inscrire.

Adressez vous à vos utilisateurs.

> Je vous envoie un hack chaque jour avec un objectif... VS Un hack chaque jour avec un objectif...

Hiérarchisez les informations.

> Lisibilité : Structurez vos textes en petits paragraphes, espacez vos phrases, utilisez des icônes.

Utilisez le vocabulaire de vos utilisateurs

> J'offre un cadeau cool à Noël VS J'offre un cadeau responsable (cf Les Mini Mondes)

Vous n'avez plus qu'à rédiger de nouveaux messages et à les A/B tester pour savoir lesquels ont le plus d'impact sur votre taux de conversion.

Outils : **Notion - Google Optimize**

Hack #23 : On gagne ensemble, on perd ensemble.

Lorsqu'on vend une solution à un problème, on ne réussit pas quand on a vendu.

On réussit quand notre client a réussi.

Le meilleur moyen de fidéliser un client est donc de s'assurer que notre solution l'aide à réussir.

Et ça vaut le coup de le rappeler.

Objectif du Hack : Engager avec ses clients pour maximiser la rétention.

Processus : Programmez un message automatique avec Crisp pour toucher vos clients lorsqu'ils sont sur votre plateforme.

Bonjour "Prénom" ! Vous avez des nouvelles croustillantes chez "Entreprise" ?

Ce mois-ci, nous souhaitons mettre en avant le travail de nos clients. Si vous avez un super article de blog ou une nouvelle feature à partager, dites le moi. On pourrait en parler sur Linkedin ou Twitter.

Cela prouve à vos clients que vous tenez à eux et que vous voulez les aider à réussir.

Cela vous donne du contenu à partager sur vos réseaux sociaux.

Du contenu qui montre que vos clients réussissent (en partie grâce à vous). #témoignages

☐ **Outil** : Crisp

Hack #24 : L'herbe est plus verte chez vous.

Imaginez que vous pourriez toucher les personnes qui utilisent la solution de votre concurrent et qui pensent à changer.

Imaginez que vous pourriez toucher des personnes qui pensent à utiliser la solution de votre concurrent, mais qui sont encore indécises.

Ça ne serait pas complètement génial ?

Objectif du Hack : Capter des leads hyper qualifiés grâce au SEO.

Processus : Créez une page "[nom de votre concurrent] + alternative" ou "[nom de votre concurrent] VS [nom de votre produit].

Dupliquez pour tous les concurrents.

Personnalisez chaque page pour mettre en avant les features que vous avez et qui permettent de résoudre les problèmes du produit concurrent (prix trop élevé, manque d'une feature spécifique...).

Programmez un message automatique avec Crisp pour engager la discussion :

"Bonjour :)

Petite question : utilisez-vous actuellement [nom de votre concurrent] ?"

Récupérez tout le trafic des personnes indécises, et persuadez-les avec votre super argumentaire comparatif.

Exemples : Podia - Mailerlite

Calculez l'estimation de trafic que ces mots clés vont vous ramener avec SEM Rush.

☐ **Outil : Crisp - SEMRush**

Hack #25 : À ce prix là, j'en prends 2.

En 2010, Steve Jobs annonce le lancement du premier Ipad.

Un nouveau produit, un nouveau marché.

Quel prix choisir pour le commercialiser ?

Lors de sa présentation sur scène, Steve Jobs affiche le prix de $999 sur l'écran.

Il explique pendant 1 minute que c'est le prix qu'ils auraient pu choisir.

Puis il le fait chuter à $499.

Toute la salle a l'impression d'avoir économisé $500, et applaudit.

Cette technique de persuasion est nommée "Anchoring".

Objectif du Hack : Augmenter la valeur perçue de son offre payante.

Processus : Voici 5 tactiques à tester :

Pendant des soldes, mettez toujours en avant le prix initial avant le prix réduit. Un produit à 20€ a une valeur perçue inférieure à un produit à 20€ avec un prix barré à 30€ devant.

> 30€ 20€

Montrez les prix plus élevés de vos concurrents avant votre prix.

> Pourquoi payer [produit du concurrent] à 199€ quand vous pouvez payer le nôtre à seulement 99€ ?

Ajoutez un élément de preuve sociale pour guider le visiteur dans sa prise de décision.

> "Choix le plus populaire", "Nos clients préfèrent cette option".

Entourez l'offre que vous voulez que vos visiteurs achètent par une offre plus faible et une offre plus élevée. Nous avons tendance à choisir l'option la plus raisonnable. Nous pensons souvent que la version la moins cher n'atteindra pas nos attentes et la plus cher est trop excessive.

> 149€ / 49€ / 9€ - Positionnez l'offre la plus chère en premier, à gauche. Cela rendra l'offre que l'on souhaite vendre beaucoup plus attractive).

Permettez à vos utilisateurs de payer en plusieurs fois.

> 3 x 50€ a l'air moins élevé que 150€.

Votre page de prix est une des pages les plus importantes pour augmenter votre taux de conversion et votre revenu.

Sondez vos clients pour savoir ce qu'ils pensent du prix qu'ils paient et A/B testez différents prix et versions pour maximiser vos conversions.

Outils : **Typeform - Google Optimize**

Hack #26 : Ça reste entre nous.

En panne de leads qualifiés ?

Facebook est votre ami, toute la Terre est sur Facebook.

Il faut juste extraire les bonnes informations.

Objectif du Hack : Générer des leads qualifiés sur Facebook.

Processus : Cherchez des groupes facebook qui contiennent votre cible.

Ajoutez l'URL des groupes dans l'outil email extractor de Mailbiz.

L'outil va générer les emails d'une partie des membres de chaque groupe.

Vous avez donc une liste de prospects ciblés par interêt entre les mains.

2 possibilités :

Vérifier la qualité des emails avec Dropcontact, puis les contacter avec Lemlist.

Aller dans Facebook Manager, puis créer une publicité avec en ciblage "audience similaire" à partir de cette liste d'emails. Facebook poussera la publicité à des profils similaires à la liste d'emails que vous avez générés.

Outils : Mailbiz - Dropcontact - Lemlist - Facebook Manager

PS : Dans le cadre de la RGPD, il est illégal de prospecter via des emails de particuliers. Vous êtes prévenu ;).

Hack #27 : Match, Set et Jeu.

Linkedin par ci, Linkedin par là.

Oui Linkedin ça marche pour générer du business en B2B.

Mais ce n'est plus la seule plateforme.

Si swiper ne vous fait pas peur, vous allez faire un malheur.

Objectif du Hack : Générer des leads B2B en autopilote.

Processus : Créez un compte sur l'application Shapr.

Utilisez une adresse gmail lors de l'inscription.

Remplissez votre profil de A à Z.

Puis faites une recherche dans le secteur qui vous intéresse. Pour cela vous pouvez utiliser un # (exemple #marketing).

Il est temps de reprendre vos vieilles habitudes Tinder : swipez les profils qui vous intéressent sur la droite.

Une fois le match fait, vous pouvez envoyer un message à votre cible.

Le plus beau dans tout ça ?

Il est possible d'automatiser l'envoi du premier message.

Vous avez bien lu.

Une fois l'automatisation en place, vous n'avez plus qu'à swiper à droite et laisser les leads rentrer.

Outils **: Zapier - Shapr - Gmail**

Hack #28 : C'est nouveau, ça vient de sortir.

Vous venez de sortir un nouveau produit, une nouvelle feature, une nouvelle étude, un nouvel article de blog génial.

Bref, vous avez du nouveau et vous aimeriez qu'on en parle.

Il va falloir le mettre devant les yeux des bonnes personnes.

Objectif du Hack : Générer des articles de presse et des liens dans des articles de blog.

Processus : Allez faire un tour sur Buzzsumo et lancez une recherche sur le mot-clé relatif à votre nouveauté.

Exemple : vous venez de publier une étude sur le big data. Recherchez "Big Data", filtrez avec "France" et vous allez obtenir :

Les articles qui ont reçu le plus d'engagement sur le sujet.

> Vous pourrez alors contacter les auteurs en leur disant que vous avez apprécié leur article et en présentant votre contenu pour demander leurs avis.

Les profils Twitter qui ont le mot-clé dans leur bio ou qui partagent généralement du contenu sur le sujet.

> Vous pourrez alors les contacter en leur présentant votre contenu et en leur demandant des retours. Vous pourrez trouver leur email facilement avec Hunter.

Les pages Facebook relatives à votre sujet.

> Idem.

Ne demandez jamais de partager votre contenu.

S'il est bon, les personnes le feront d'elles-mêmes.

Outils : **Buzzsumo - Hunter**

Hack #29 : Deux pour le prix d'un.

Au final, Google c'est comme une grosse plateforme de FAQ.

Des millions de personnes tapent leur recherche chaque jour.

Et des millions de sites internet rédigent des articles pour essayer d'y répondre.

Le hic ?

Ça prend généralement pas mal de temps d'arriver en première page des réponses.

Objectif du Hack : Générer des leads qualifiés sur Quora.

Processus : Recherchez des questions populaires sur Quora en relation avec votre domaine.

Des questions qui : ont été posé plusieurs fois. ont les réponses avec le plus de vues. sont suivies par de nombreuses personnes.

Rédigez un article par question pour y répondre le plus précisément possible, directement sur votre site internet.
Ensuite, répondez à chaque question sur Quora avec un résumé des points principaux abordés dans l'article publié sur votre blog pour y répondre.

Ajoutez le lien de l'article à la fin en expliquant que vous aviez rédigé un article qui répond dans les moindres détails à la question.

Votre réponse va devenir la plus pertinente, elle générera donc plus de vues et de visites.

Et vous avez aussi créé du contenu pour apparaître sur Google.

☐ **Outil : Quora**

Hack #30 : Forcer, mais pas trop quand même.

Il y a quelques années, j'ai dîné dans le 2e meilleur restaurant de New York, d'après Tripadvisor.

Un restaurant à un prix abordable, sur une terrasse avec de très bons plats végétariens.

Arrivé au dessert, la propriétaire est venue s'asseoir à nos côtés.

Elle nous a raconté l'histoire du restaurant, puis nous a demandé si on avait bien mangé.

Nous avons répondu oui et l'avons remercié.

Elle nous a alors demandé de lui mettre un avis sur Tripadvisor tout de suite.

J'ai trouvé cela brutal, mais mes 2 amis l'ont fait.

Elle faisait ça midi et soir avec toutes les tables.

Le résultat ? La 2e position de Tripadvisor parmi des milliers de restaurants.

Objectif du Hack : Booster sa preuve sociale et son référencement naturel grâce aux avis Google my Business.

Processus : Imaginons que vous êtes le gérant d'un restaurant avec le besoin de vous faire connaître.

Allez faire un tour sur votre Google My Business.

Récupérez votre lien de partage pour recevoir un avis.

Je vais utiliser celui ci dans cet exemple : g.page/martinp/review

Copiez le lien sur Bitly et générez un lien personnalisé comme ceci :

http://bit.ly/cafegratuit

Ajoutez ce lien sur un flyer sur vos tables de restaurant.

Proposez d'offrir un café gratuitement à chaque client qui montre qu'il a laissé un avis sur Google My Business en suivant le lien.

Personne ne vous mettra un mauvais avis pour gagner un café.

Outils : **Google My Business - Bitly**

PS : Cette méthode peut s'appliquer à tout type de business. Même s'il est dématérialisé, il suffit de demander une screenshot en preuve et d'offrir une ressource gratuite en échange.

Hack #31 : On s'était donné rdv dans 10 ans.

Imaginez que vous venez d'être recruté en tant que barman dans 3 bars de la ville.

Vous alternez vos soirées entre chaque bar, selon les besoins.

Vous prévenez alors vos amis de la bonne nouvelle.

2 options :

- Je suis barman au Mc Gregor, au Delirium et chez Sanchez.
- Je suis barman Mc Gregor le lundi et mardi de 21h à 2h, au Delirium le mercredi 18h à minuit et chez Sanchez le vendredi

et samedi de 16h à 4h.

À votre avis, quelle est l'option qui va vous permettre de croiser le plus souvent vos amis ?

Objectif du Hack : Augmenter l'engagement du contenu que l'on partage pour augmenter la rétention.

Processus : Que ce soit votre newsletter ou le partage de contenu sur vos réseaux sociaux, packagez les avec ces 3 piliers :

- **Une proposition de valeur claire** : je comprends ce que je vais recevoir.
- **Un bénéfice attractif** : je comprends le valeur que cela va m'apporter.
- **Un rendez-vous** : je comprends quand je vais pouvoir y avoir accès.

Ces 3 piliers doivent être clairs lorsqu'une personne rejoint votre newsletter ou s'abonne à votre réseau social.

Le rendez-vous créé la routine, ce qui est un des leviers les plus puissants en marketing pour booster l'engagement et la rétention.

La régularité créé la communauté, deuxième levier très puissant pour booster l'engagement et la rétention.

Exemples de newsletter :

Les mini hacks marketing : 1 hack marketing chaque matin dans votre boîte mail. Je vous envoie chaque jour un hack permettant d'atteindre un objectif spécifique, avec le processus et les outils pour le mettre en place. La Bombe : 2 actions par semaine pour tout péter en freelance. Chaque lundi, pour développer son chiffre d'affaires. Chaque mercredi, pour améliorer son quotidien.

Exemples de podcast :

Tribu Indé : 1 épisode chaque mercredi pour découvrir les parcours inspirants de freelances et de créateurs de side-projects.

Exemples de chaine YouTube :

Mcfly et Carlito : une nouvelle vidéo avec un concept divertissant chaque dimanche.

Outils : **un calendrier à jour et de l'huile de coude □.**

Hack #32 : Vous prendrez un peu de thé en attendant ?

Personne n'aime attendre.

On veut tout, tout de suite, sans friction.

Mais au final, est-ce qu'on apprécie plus quelque chose qu'on a tout de suite ou quelque chose qu'on a attendu avec impatience ?

La réponse est simple : repensez à vos matins de Noël au pied du sapin, à votre excitation après avoir compté les jours pour sauter du lit et découvrir vos cadeaux.

Objectif du Hack : Augmenter la valeur perçue d'une nouvelle offre pour vendre plus.

Processus : Vous avez un nouveau produit en tête et vous voulez commencer à travailler dessus.

Créez une landing page expliquant la valeur, les bénéfices et la date de lancement.

Proposez de se pré-inscrire sur une liste d'attente en remplissant un typeform.

Ne demandez pas juste l'email, demandez toutes les informations dont vous avez besoin pour créer un bon produit.

Plus le typeform est long à remplir, plus les personnes ont de chances de payer pour ce que vous allez offrir.

Cela permet de qualifier le lead.

Exemple : l'entreprise Asphalte propose à des hommes de remplir un typeform d'une quinzaine de questions pour leur demander quel vêtement ils souhaiteraient. À la fin, la personne qui a rempli 15 questions et laissé son email est à la fois excitée par le projet et engagée à le suivre pour voir les résultats.

La liste d'attente créé un sentiment de rareté et de valeur supérieur.

Après l'inscription, vous avez créé la petite flamme.

Il ne faut pas oublier de l'entretenir en teasant les avancées pour faire monter le désir (un peu comme l'odeur de la tarte qui chauffe au four).

Vous pouvez aussi utiliser des mécanismes de referral avec des outils comme Waitlisted pour permettre à vos utilisateurs d'accéder à votre offre gratuitement ou plus vite s'ils la partagent.

Au final, le jour du lancement, la majorité des personnes qui ont suivi les avancées achèteront sans le moindre doute.

Ne me dites pas non, je suis sûr que cela vous est déjà arrivé :).

Hack #33 : Prévenir c'est guérir.

Tu reçois mes emails ?
Non... Attends, je vais checker les spams. Ah oui, ils sont tous là !

Objectif du Hack : Augmenter la délivrabilité de vos emails.

Processus : Mettez en place les actions suivantes :

Lorsqu'un visiteur s'inscrit à votre liste d'email sur votre site, affichez un message le prévenant qu'il vient de recevoir un email. Et que celui-ci est peut-être dans les spams.

Merci pour votre inscription. Nous venons de vous envoyer 3 super ressources pour X dans votre boite mail. Si vous ne voyez toujours rien dans 5 min, allez faire un petit tour dans vos spams.

Enjoy ✌

Envoyez directement un email de bienvenue pour habituer la personne à vous ouvrir. Le mieux est d'apporter de la valeur à votre audience à travers des conseils ou une ressource pour les motiver à ouvrir.

Il y a des chances que l'email atterrisse dans la partie promotion ou notification de gmail. Dans l'email, proposez lui de glisser l'email de l'onglet notif ou promo dans l'onglet principal. Une pop-up apparaîtra pour lui demander s'il veut toujours recevoir votre email dans la boîte principale (et ça, ça régale).

Si vous êtes sur GMAIL : mes mails vont arriver dans l'onglet PROMOTION de votre boîte (voire dans l'onglet NOTIFICATION, saisissez mon mail et faites moi glisser vers l'onglet de votre boîte PRINCIPALE. Gmail vous demandera alors si vous voulez que ce soit toujours le cas en ce qui me concerne (un « pop-up » apparaîtra en haut de votre écran), répondez « OUI » et, hop, c'est bon vous me retrouverez tous les jours sans avoir à me chercher.

Dans les différents emails que vous envoyez, proposez toujours à votre audience de répondre à vos emails, de poser des questions. Cela permet de transformer un envoi à sens unique en conversation, et donc d'augmenter la réputation de votre email.

=> Une critique, une idée ? Répondez simplement à cet email :)

Vous l'aurez compris, toutes ces actions ont un seul objectif : s'assurer que vos emails tombent dans la boîte principale de votre audience pour maximiser votre taux d'ouverture :).

Outils : **Votre plume et de l'attention .**

Hack #34: Ça se fera dans tous les cas, vous voulez en être ?

Contacter un prospect pour la première fois, c'est toujours compliqué.

Surtout quand le nom de notre entreprise ne lui parle pas du tout.

Dans ces cas, une solution : la relance et le name dropping, et la personnalisation.

Name dropping ⇒ Associer le nom de sa marque à des marques dans lesquelles il a confiance ou avec qui il est en compétition.

Le résultat ? Le taux de réponse fait un bond vers le haut.

Objectif du Hack : Convaincre un prospect à demander plus d'informations.

Processus : Inspirez vous de l'exemple de la startup Uptogether et qui prospecte des DRH sur Linkedin :

Message 1 : Bonjour XXX,

iAdvize et Recommerce sont parmi les premiers next40 qui ont innové avec nous dans l'apprentissage du management.

Notre format est simple : nous réunissons en visioconférence des managers intermédiaires de différentes entreprises pour qu'ils progressent dans leurs pratiques managériales.

Nous offrons la possibilité aux entreprises de tester pendant 3 mois notre offre pour voir l'apport d'un tel format.

Nous sommes en discussion avec HomExchange et Vestiaire Collective pour rejoindre les autres entreprises EDF, Akénéo, Banque de France, Lucca, Société Générale etc.)

Auriez-vous 30 minutes à m'accorder dans les prochains jours?

Merci À bientôt,

Message 2 - 3 jours plus tard) : Bonjour XXX, Veepee, Believe, Lengow, ManoMano sont les nouvelles entreprises du next40 avec qui nous discutons. Auriez-vous du temps pour échanger sur le sujet ? Bien à vous, Emmanuel.

Message 3 - 4 jours plus tard) : C'est maintenant Frichti et Voodoo qui ont montré un intérêt pour notre offre ! Nous serions intéressés de discuter avec vous. Certains DRH nous ont aussi soumis l'idée de faire un groupe de DRH où vous pourriez échanger entre vous. Qu'en pensez vous ? Merci Emmanuel.

Au bout du 3ème message, le FOMO (Fear of Missing out, la peur de louper l'opportunité) est trop grand et le taux de réponse fait un bond.

Vous pouvez automatiser l'envoi de message sur Linkedin avec ProspectIn et par email avec Lemlist.

Les 2 outils proposent d'envoyer des messages de relances automatiques tant que le prospect n'a pas répondu.

Outils : **ProspectIn - Lemlist**

Hack #35: Montre moi comment ça marche.

On dit souvent qu'il faut plus parler des bénéfices que des features sur une landing page.

Je suis d'accord.

Mais il est aussi important de s'assurer qu'un visiteur comprenne rapidement comment marche notre produit et à quelle expérience peut-il s'attendre en s'inscrivant.

Objectif du Hack : Augmenter le taux de conversion de sa landing page.

Processus : Aidez vos prospects à comprendre votre produit et ses features à travers des illustrations :

Utilisez **Gifsky** pour transformer une courte vidéo démo du produit en Gif.

Utilisez **Smartmockups** pour intégrer vos screenshots produits à des visuels d'appareils (smartphone, ordinateur portable...)

Vous n'avez plus qu'à intégrer ces nouveaux visuels sur votre site pour une expérience utilisateur au top et un taux de conversion boosté.

Attention : less is more. N'ajoutez que les éléments nécessaires pour maximiser la conversion. Ni plus, ni moins. Ma vidéo préférée sur le sujet.

Outils : **Gifsky - Smartmockups**

Hack #36 : Recruter une armée.

Ads, Contenu, Réseaux sociaux, Emailing, Communauté, Événements, Presse...

Vous n'avez plus d'inspiration ?

Vous aimeriez que d'autres personnes communiquent sur votre produit à votre place ?

Parlons Affiliation.

L'affiliation consiste à donner un lien unique dirigeant vers votre offre à un blogueur/influenceur. Chaque fois qu'il parle de vous et votre produit, il ajoute son lien unique. Lorsqu'une personne de son audience clique sur son lien et effectue un achat, vous lui payez X€ en commission.

Objectif du Hack : Convaincre des influenceurs de devenir affilié.

Processus : Si vous contactez des influenceurs / bloggeurs, ne leur demandez jamais directement de rejoindre votre programme d'affiliation.

Leur temps est limité, ils font leur choix selon les opportunités qui vont leur permettre de se rémunérer, et surtout qui sont en accord avec leurs valeurs et leur vision.

Donnez leur plutôt envie de collaborer avec vous.

Pour cela, nous allons utiliser la 4ème étape de la pyramide de Maslow : le besoin d'estime.

1/ Trouvez des bloggeurs et influenceurs en utilisant vos mots-clés et # sur Buzzsumo, FollowerMonk et Instagram

2/ Commencez par reconnaître leur travail Likez et partagez leur contenu. Mettez les en avant dans vos contenus (exemple : mention dans un article Top 10 influenceurs dans votre domaine).

3/ Créez la relation Contactez-les directement sur leurs réseaux sociaux pour leur parler de leur travail, de ce qui vous a plu, et pourquoi pas leur partager des conseils et ressources pour les aider.

4/ Proposez leur de travailler ensemble Envoyez leur un email via Lemlist en leur vendant l'affiliation comme une collaboration et non pas une simple transaction. Utilisez l'outil Rewardful pour faciliter leur expérience et leur donner accès facilement à un dashboard pour suivre l'impact de leurs actions.

En bref, prenez le temps de construire une relation de confiance et donnez leur envie de collaborer avec votre marque. Leur image a beaucoup d'importance, tout leur business est basé dessus.

Si vous voulez que ça marche, la rémunération doit presque être vue comme un bonus, et non pas la première motivation.

Outils : **Lemlist - Rewardful - Buzzsumo - Followermonk**

Hack #37 : Lancer la machine.

Avoir plein d'influenceurs qui rejoignent son programme d'affiliation, c'est bien.

Mais ce n'est pas toujours égal avec un pic de visites qualifiées instantané et des conversions en masse.

Objectif du Hack : Aider ses affiliés à générer des leads chauds pour son business.

Processus : Le plus difficile dans l'affiliation, c'est de lancer la machine.

Si un affilié voit qu'il peut rapidement gagner de l'argent grâce à votre business, il va décupler ses efforts pour maximiser ses gains.

La mission est simple : l'aider au maximum à faire ses premières conversions.

1/ Pré-mâchez leur le travail Donnez leur du contenu pré-fait : structure d'articles de blog, infographies, visuels, posts pour les réseaux sociaux. Partagez leur des exemples qui fonctionnent pour les inspirer. Faites un call de lancement pour les aider dans leurs premiers pas.

2/ Motivez-les Proposez leur une commission double s'ils ramènent leurs premières conversions le premier mois.

3/ Entretenez la relation Ajoutez-les à une séquence d'emails automatisée qui leur donne des tips pour créer du contenu qui convertit. Suivez-les sur les réseaux sociaux et interagissez avec leur contenu.

Partagez vos retombées presse et vos dernières features pour leur donner des actualités à partager. Organisez des événements pour les rassembler, les rencontrer et les faire networker.

L'affiliation n'est pas un canal marketing en auto-pilote. Comme les ads, il faut créer une stratégie, faire des tests, analyser les données, et optimiser les actions régulièrement.

Mais quand c'est bien lancé, c'est un des canal les plus profitables.

Outils : **Lemlist - Rewardful**

Hack #38 : Faites les craquer.

On a tous déjà douté.

J'achète ? J'achète pas ?

Est-ce que j'en ai vraiment besoin ?

Ce moment fatidique où on est à deux doigts de sortir la carte de crédit.

Parfois on finit par passer à la caisse, mais la plupart du temps on se raisonne.

Comment faire craquer un prospect pour le faire payer ?

Objectif du Hack : Augmenter son taux de conversion.

Processus : Voici 2 étapes à méditer :

1/ Identifiez le moment et l'endroit où votre prospect va avoir votre offre devant les yeux et où il va devoir prendre sa décision.

Est-ce que c'est : *Quand il sera sur une page spécifique de votre site internet ? Quand il lira un de vos emails ? Quand il aura votre produit entre les mains dans un magasin ?*

2/ Ajoutez un élément humoristique, inattendu, surprenant, qui déclenche une émotion positive pour le convaincre que votre offre mérite d'être essayée.

L'objectif ? Faire les choses différemments pour sortir du lot.

Voici l'exemple parfait pour s'inspirer :

Ma copine cherchait un nouveau livre dans une librairie à Denver. Elle a pris un bouquin entre ses mains car elle a été attiré par le titre et le thème du livre.

Alors qu'elle hésitait avec d'autres livres, elle a vu un nouveau message apparaître sur la couverture en l'inclinant.

Pssst... Hey, There. Yes, You Sexy. Buy this book now. You know you want it.

Outils : **Votre sens de l'humour** □.

Hack #39 : On sort les gadgets 007.

Ce n'est pas toujours facile de comprendre ce qui bloque nos utilisateurs lorsqu'ils utilisent notre produit.

Comment savoir quand ils sont perdus ?

Comment éviter qu'ils partent et ne reviennent jamais ?

Comment améliorer le produit pour le rendre aussi simple et efficace que possible ?

Objectif du Hack : Améliorer l'expérience utilisateur pour augmenter la rétention.

Processus : Installez **Hotjar** sur votre site internet afin de filmer le parcours de vos utilisateurs.

Cela va vous permettre de voir comment ils utilisent votre produit.

Installez le live chat Crisp et programmez-le pour qu'il apparaisse si le temps moyen pour réaliser une action sur une page est dépassé.

Exemple : si sur une page de votre produit les utilisateurs sont censés faire une action au bout de 10 secondes mais que rien ne se passe, programmez Crisp pour que le live chat pop up au bout de 15 secondes afin de proposer de l'aide.

Cela vous permettra de discuter avec votre utilisateur pour comprendre son problème et l'aider.

Au final, vous aurez la vidéo du parcours utilisateur complet via Hotjar ainsi que sa description du problème via Crisp.

Le combo feedback parfait pour améliorer votre produit.

Outils : **Crisp - Hotjar**

Hack #40 : Vous êtes une personne extraordinaire.

Le referral, la fameuse dernière étape du tunnel de conversion.

- Comment créer du bouche à oreille ?
- Comment transformer ses utilisateurs en évangélistes ?

Objectif du Hack : Obtenir le partage de ses utilisateurs.

Processus : Retournez faire un tour sur la pyramide de Maslow.

Chaque niveau est un levier psychologique à activer.

Dans ce hack, l'objectif est de tourner ses utilisateurs en évangélistes.
Prenez votre base d'utilisateurs et sortez une liste de ceux qui réussissent le mieux grâce à votre produit.

C'est-à-dire les utilisateurs pour qui votre produit apporte le plus de valeur = qui leur permet d'atteindre leurs objectifs. Et du coup qui vous apportent le plus de valeur = qui vous génère le plus de revenu.

Envoyez leur une lettre par la poste avec une mention qui les met en avant de manière hyper positive. Comme un super diplôme ou une certification par exemple.

Ils la prendront sûrement en photo pour la partager avec fierté sur leur réseau sociaux et donc avec leur réseau.

Voici l'exemple de Malte :

"Freelance doué, expert de son métier ET sympa", vous voyez où je veux en venir quand je parle de la pyramide Maslow ? :)

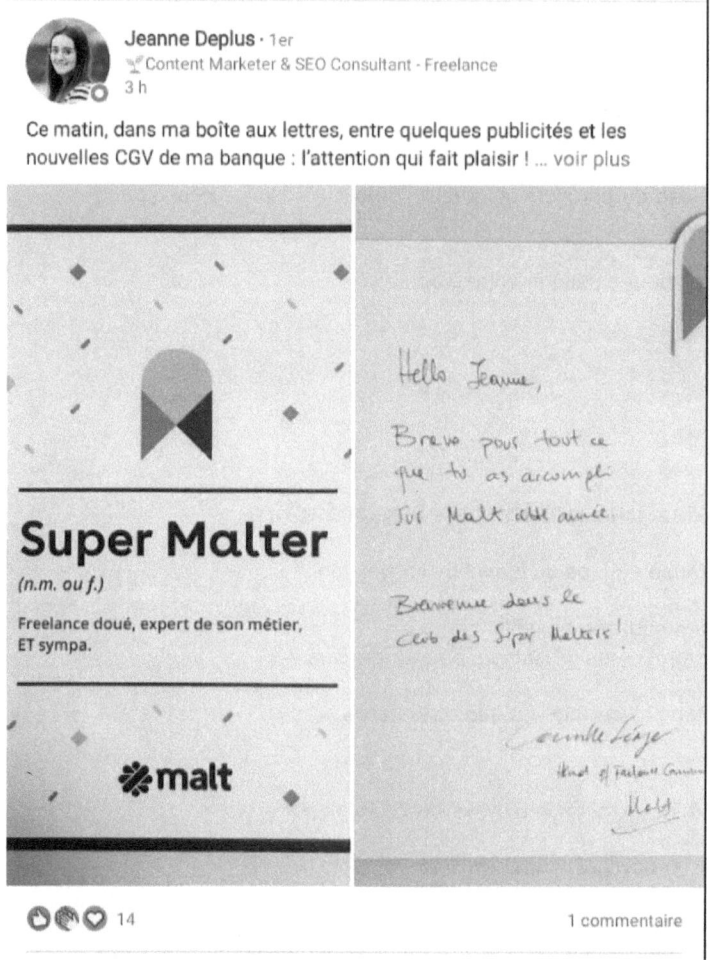

Outils : votre plume et des timbres.

Hack #41 : Vous êtes une personne extraordinaire.

"On m'a dit que plus j'avais de liens sur d'autres sites internet, plus j'augmente mon SEO et mon trafic".

Alors ça dépend des sites en question, mais c'est plutôt vrai.

C'est bien beau cette théorie, mais comment on fait ?

Objectif du Hack : Obtenir des backlinks pour augmenter son trafic.

Processus: Installez l'outil **Mention** pour créer 2 types d'alertes :

Une alerte quand quelqu'un mentionne votre site internet ou vos réseaux sociaux.

Une alerte quand quelqu'un mentionne le site internet ou les réseaux sociaux de vos concurrents.

Laissez **Mention** faire le travail, et à chaque alerte, ajoutez le site internet / le réseau social de la personne qui partage dans un spreadsheet.

Vous avez donc un spreadsheet avec 2 onglets, un avec les personnes qui partagent votre contenu et un avec les personnes qui partagent le contenu de vos concurrents.

Dans le 1er cas, vous pouvez leur envoyer email pour les remercier et pourquoi pas leur demander s'ils souhaitent recevoir votre nouveau contenu dès qu'il est en ligne, avant que vous le partagiez. Une bonne méthode pour créer des ambassadeurs et recevoir des backlinks.

Dans le 2ème cas, vous pouvez les contacter en leur parlant de leur dernier partage et en leur partageant des ressources similaires qui pourraient les aider. L'objectif est de leur apporter de la valeur pour qu'ils apprécient, partagent et que vous les transfériez dans le premier onglet :).

Outils: Mention - Lemlist

Hack #42 : Créer une source inépuisable.

Créer du contenu c'est bien, le mettre devant les yeux de votre cible, c'est mieux.

Voici une méthode pour maximiser l'impact de votre travail de création.

Comment faire plus avec moins ?

Objectif du Hack : Bien distribuer son contenu pour générer du trafic.

Processus : Rédigez un article pilier entre 2500 et 5000 mots.

Cet un article doit couvrir de A à Z un thème important de votre domaine/industrie.

L'objectif est d'en faire un article de référence.

Cet article / guide doit être bien structuré avec des parties, des sous-parties, un sommaire, des illustrations, des exemples, etc.. Voici un exemple.

Une fois que vous avez publié cet article sur votre blog, il aura 3 impacts positifs :

Il démontre votre expertise.

Il a de fortes chances d'obtenir du trafic naturel de Google.

Ce contenu est réutilisable.

Aujourd'hui, c'est le 3ème point qui nous intéresse.

Voici comment distribuer ce contenu à travers le web pour générer du trafic :

Transformer une sous-partie en article Linkedin ou Medium, et mettre un lien vers l'article principal à la fin ⇒ 10 sous-parties = 10 nouveaux contenus ;).

Répondre sur Quora à toutes questions en rapport avec l'article et ajouter un lien vers l'article principal à la fin.

Partager l'article dans sa newsletter.

Créer une séquence de 5 ou 10 emails automatisée avec Sendinblue en reprenant les parties de l'article pour permettre aux visiteurs de "suivre les étapes pour... directement dans votre boite mail" et récupérez les emails de ses visiteurs.

Créer une illustration/infographie avec le contenu et partager sur les réseaux sociaux.

Taper "Nom du thème de l'article + contributeur" sur Google afin de trouver des blogs qui parlent du même sujet. Leur envoyer le contenu en leur proposant d'écrire un article invité sur une des sous-parties pour leur blog. Ajouter un lien vers votre contenu à la fin.

Envoyer un email à toutes les entreprises dont les ressources sont mentionnées dans le contenu pour les prévenir qu'ils sont cités. Ils pourront le partager.

Ajouter le contenu à un outil comme **MeetEdgar** pour être re-publié aléatoirement en continu sur ses réseaux sociaux. Ce genre de contenu ne se périme pas, il y a toujours un intérêt de le re-publier.

Outils : **Meetedgar - Sendinblue**

Hack #43 : La première expérience compte.

Télécharger une application, l'utiliser 3 minutes, la laisser mourir au fond de son téléphone.

S'inscrire à une période d'essai pour un outil, ne pas prendre le temps de l'utiliser à fond, terminer la période d'essai sans avoir compris la valeur, ne jamais payer.

On a tous vécu ces moments en tant qu'utilisateur.

Comment éviter de le vivre de l'autre côté ?

Objectif du Hack : Optimiser l'onboarding pour maximiser la rétention et la conversion.

Processus : L'onboarding, c'est la suite d'actions que vous allez faire faire à votre utilisateur dans ses premières heures / jours d'utilisation.

C'est une super opportunité pour transformer cet utilisateur en utilisateur loyal.

L'onboarding doit être éducatif, attractif et sans friction.

Rappelez-vous : les utilisateurs sont sceptiques, feignants et impatients.

L'onboarding doit répondre à ces questions :

Comment l'utilisateur obtient de la valeur grâce à mon produit ? Que dois-je faire faire / lire à mon nouvel utilisateur pour m'assurer qu'il utilise bien mon produit et qu'il reste ?

La 1ère action consiste à montrer le bénéfice final pendant l'onboarding.

Exemples :

Vous remplissez votre profil sur un site de rencontre, on vous montre sur le côté le nombre de femmes/hommes disponibles près de chez vous. Vous suivez le tutoriel d'une app pour arrêter de fumer, un texte vous expliquer que 90% des utilisateurs qui ont utilisé l'app tous les jours pendant 60 jours ont arrêté de fumer.

Rapprocher le bénéfice ultime de l'utilisateur le motive à continuer à suivre vos étapes.

La 2ème action consiste à déterminer quelles sont les premières actions qui vont impacter la rétention à 30, 60 et 90 jours.

Pour cela, il faut faire des tests et les analyser par cohorte. C'est-à-dire mettre en place un onboarding flow (une suite d'actions) et le tester avec 100 utilisateurs par exemple. Puis changer l'onboarding flow et re tester avec 100 nouveaux utilisateurs.

Vous n'aurez plus qu'à analyser quelle cohorte de 100 utilisateurs a le taux de rétention le plus élevé à 30, 60 et 90 jours. Il faudra alors appliquer l'onboarding flow gagnant pour tous les nouveaux utilisateurs.

Exemple de Stop, Breathe & Think :

Un ami qui travaillait en Growth dans une application de Mots-fléchés , avait remarqué que les utilisateurs qui complétaient 3 jeux la première semaine avaient 50% de chances de toujours utiliser l'app à 90 jours.

Nous avons donc créé un onboarding pour pousser l'utilisateur de manière ludique à compléter au moins 3 Mots-fléchés la première semaine.

Dans la même veine, Twitter a compris qu'un utilisateur qui ne follow personne dès son onboarding aura un fil d'actualité vide et donc du mal à comprendre la valeur de la plateforme.

Ils ont donc ajouté une étape obligatoire où ils demandent de follow un minimum de 10 personnes recommandées selon les domaines qui nous intéressent. Cette tactique a explosé le nombre d'utilisateurs actifs sur la plateforme, et donc la rétention.

Outils **: Google Optimize - Hotjar - Google Analytics**

Hack #44 : Le visuel est important.

Comment être visible ?
Comment faire du contenu alors que vous n'êtes pas designer/ graphiste ?

Objectif du hack : Créer et diffuser des infographies avec un lien vers votre site / génération de lead

Processus: Création de contenu via Canva ou Artify puis publication via Pinterest / Linkedin / Facebook Page / Groupes

Via Canva vous pouvez créer via des modèles de nombreuses infographies ou post Pinterest
très facilement. Ajoutez votre logo, une promesse alléchante, peu de mots.
Autre solution, utilisez des vrais graphistes disponibles sur 5euros.com ou Fiverr.com

1. Postez votre infographie sur votre site / blog.
2.. Via votre compte Pinterest, ajoutez cette image à un dossier qui rassemblera l'ensemble des créations de votre thème. Ajoutez une description et un lien (vers votre site).

Vous créez du lien vers votre site, cela augmente votre référencement, vous êtes visible sur Pinterest par d'autres utilisateurs, de plus vous créez du contenu réutilisable pour des articles ou des newsletters.

Outils : **Pinterest - Canva - artify**

Hack #45 Tranquille, Emile

Faire de multitudes de posts en 1 clic, arrêter de perdre du temps à refaire les mêmes actions sur des plateformes différentes.

Objectif du hack : Automatiser l'animation de vos groupes facebook

Processus: Utiliser les "Feed" ou Flux d'information pour poster un nouvel élément sur votre groupe Facebook automatiquement et régulièrement. Ce que vous souhaitez en créant un groupe, c'est qu'il s'anime tout seul, qu'il s'auto-alimente via les discussions de vos membres.

Dlvr.it vous permet de poster de multiples post à partir d'une origine, il déclenche une diffusion sur l'ensemble de vos médias , en un clic et gratuitement.

Par exemple: je poste une nouvelle image sur Pinterest comme vu précédemment, j'automatise la diffusion de cette image dans mon groupe Facebook et également sur ma page Entreprise Linkedin, sur mon instagram et sur mon twitter.

Vous pouvez également prendre comme source, un journal d'actualités sur votre thème, **Dlvr** s'occupera de poster chaque nouvel article sur votre groupe Facebook dès qu'il sera publié par le journal. Ou alors si vous avez un blog, même principe, nouvel article, nouvelle automatisation et publication sur vos réseaux.

Outils : **Dlvr.it**

Hack #46 La Stratégie de Gary

Objectif du hack: Booster son instagram avec peu de ressources

"[cela] se traduit par le fait de laisser votre 0,02 cents personnel sur les 9 premiers messages Instagram à la mode pour 10 hashtags différents qui sont pertinents pour votre marque ou votre entreprise chaque jour.

Ce sont les 9 premiers messages liés à un hashtag spécifique sur IG. En payant 2 centimes à chaque message et en le faisant pour 10 hashtags chaque jour, les personnes intéressées par ce sujet commenceront à vous remarquer. Après des rencontres répétées avec votre nom, il y a de fortes chances qu'ils visitent votre profil et vous suivent. D'où 0,02 $910 = 1,80 $!

#1 Rechercher les meilleurs hashtags à suivre

La première étape va être de **rechercher 10 hashtags les plus importants dans ta thématique**. Pour t'aider à les trouver, utilise les suggestions de hashtags proposés par Instagram.

#2 Publications

Une fois que tu auras fait ta liste de hashtags, tu vas chercher les 9 meilleures publications pour chacun de ces hashtags. Et non, tu ne vas pas juste commenter ou juste liker. Tu vas aller lire la bio du compte afin de découvrir qui se cache derrière cette publication. Car oui, derrière un compte Instagram, il y a une personne ! Il ne faut pas voir tous ces comptes comme des chiffres d'abonnés, mais comme des personnes réelles.

#3 Social Mode

Une fois que tu auras fait ta liste de hashtags, tu vas chercher les 9 meilleures publications pour chacun de ces hashtags. Et non, tu ne vas pas juste commenter ou juste liker. Tu vas aller lire la bio du compte afin de découvrir qui se cache derrière cette publication. Car oui, derrière un compte Instagram, il y a une personne ! Il ne faut pas voir tous ces comptes comme des chiffres d'abonnés, mais comme des personnes réelles.

Outils : https://dollareighty.com/ - Instagram

Hack #47 Tout est dans l'email (B2B)

Objectif **du hack:** Comment trouver facilement des emails B2B ?

La cible

Vous cherchez l'email du directeur marketing Michel Jean d'une boite **"AAA"**

Utilisez hunter.io pour trouver le modèle des emails de vos contacts dans les entreprises.

Exemple: jean.michel@aaa.com ou jmichel@aaa.com , un fois que vous avez trouver le modèle grâce à Hunter, vous pouvez créer une GoogleSheet ou Excel afin de trouver l'ensemble des emails d'une société.

Vous pouvez utiliser **PhantomBuster** pour extraire l'ensemble des contacts d'une société.

FORMULE: appliquer la formule dans votre excel "CONCATENER" afin de composer en colonne 3 l'adresse complète de vos contacts.

Vous pouvez également rajouter une colonne avec le nom de domaine de l'entreprise ciblée afin de concaténer Nom + Prénom + "@" + "Nom de domaine"

> La formule en ayant, A1:Prénom, B1:Nom **=CONCATENER(A1,"."B1,"@aaa.com")**

Outils : Hunter.io - PhantomBuster - Excel / GoogleSheets

Hack #48 Vous pouvez répéter la question ?

Objectif du hack: Améliorer son référencement / SEO avec une FAQ propre

Comment construire du contenu pertinent pour sa FAQ , être référencé et innovant pour se démarquer des concurrents.

Processus: Trouver les questions que vos cibles se posent

Dans "**Answer the Public**", indiquez le thème, la langue et le pays , cet outil va fournir toutes les questions que les utilisateurs se posent dans votre domaine.

Récupérez les réponses et construisez votre FAQ autour de ces questions.

Outils : Answer the public

https://answerthepublic.com/

Hack #49 : Un poil dans la main ?

Objectif **du hack:** Produire du contenu facilement et sans écrire

Créer du contenu sans écrire, oui c'est possible. On peut dire merci Google.

Processus: Sur Google Docs, vous pouvez activer la diction ou reconnaissance vocale pour éviter de taper votre texte. C'est le premier point pour vous faciliter la vie et ne pas écrire, simplement parler.
Et si on pouvait transcrire une vidéo ?

Deux façons de faire, changer dans vos paramètres d'enregistrement de micro en changeant la source :"mixeur stéréo" et donc le son de la vidéo passera comme si c'était votre voix, il n'y a plus qu'activer la diction sur Google docs.

Ou alors vous utilisez un éditeur de texte avec votre téléphone et vous activez la saisie vocale, vous mettez la vidéo sur votre ordi et vous laissez votre téléphone à proximité. L'avantage de cette méthode est que le micro du téléphone est souvent supérieur à celui d'un casque / ordinateur.

Outils : Google Docs / téléphone

Hack #50 : Logé à la même enseigne ?

Objectif du hack: Remercier les influenceurs

Processus:

Déclencher des notifications "Slack" ou un envoi d'emails grâce à **Zapier** ou **Integromat**, lorsque vous êtes mentionné sur Reddit, lorsque vous obtenez un nouveau "follower" Twitter avec plus de 5 000 followers, ou lorsque de nouvelles photos et vidéos sont postées sur Instagram avec un certain tag.

Conseil : demandez à un membre de l'équipe de surveiller ce canal et essayez de faire cadeau de produits gratuits aux influenceurs, de leur fournir un code de référence ou de leur demander tout simplement de visiter le site sur les réseaux sociaux ♥.

Outils : **Zapier - Integromat**

Hack #51 : La boucle est bouclée

Objectif du hack: Automatiser des boucles à partir de vos publicités Facebook et vos nouveaux articles

Ne serait-ce pas cool si vos prospects PPC sur Facebook devenaient des abonnés ?

Vous avez de la chance car c'est un **"zap"** de base.

Si vous voulez vraiment devenir un ninja de l'email marketing, vous pouvez même automatiser la création de mises à jour hebdomadaires par email segmenté, qui seront envoyées à vos abonnés ! C'est vrai, il vous suffit de continuer à poster de nouveaux articles de blogs !

Pour les construire avec Zapier, vous pouvez déclencher un nouvel abonnement à MailChimp lorsqu'un prospect arrive par vos annonces Facebook ou vous pouvez faire la même chose en utilisant Automate.io !

Pour les campagnes d'e-mailing automatisées, créez un "zap" pour que lorsqu'un nouvel article apparaît sur Wordpress avec un certain tag, vous l'ajoutiez à une liste de digests dont la publication est prévue chaque semaine pour une liste d'abonnés spécifique.

Filtrez les blogs qui n'utilisent pas le tag que vous utilisez pour votre segmentation. Ensuite, créez le format de la campagne.

Hack #52: Vos utilisateurs sont votre arme secrète .

Objectif du hack: Automatiser des boucles à partir de vos publicités Facebook et vos nouveaux articles Faites-leur partager des histoires et vous débloquerez de nouvelles opportunités de marketing de contenu.

En concevant un format d'histoire pour vos utilisateurs, vous pourriez tweeter aux évangélistes nouvellement ajoutés , en les liant à un formulaire qui, une fois rempli, déclenche la création d'un
nouveau projet de billet de blog.

Pour cela, avec Zapier, vous pouvez utiliser un formulaire de soumission pour déclencher la création d'une ébauche d'article WordPress comprenant un formatage HTML, un titre et une image.

Conseil : Une fois qu'un utilisateur a soumis une histoire, vous pouvez demander à Zapier d'envoyer un message à Slack pour informer votre équipe qu'une ébauche est en attente d'un contrôle de qualité avant de pouvoir être publiée.

Outils : **Zapier - Integromat - Slack**

Hack #53: Remercier ses utilisateurs avec une attention particulière

Objectif du hack: Faire une image personnalisée pour chaque follower

Dès qu'on mentionne l'automatisation, il est important de rappeler qu'**il ne sert à rien d'automatiser quelque-chose que vous n'auriez pas fait manuellement.** L'objectif est de vous faire gagner du temps tout en continuant à croître, pas de faire du spam avec un taux de retour de moins de 1%...

Donc. Ce message est personnalisé en 3 points:

L'image mentionne le nom du follower

Le fond de couleur reprend la couleur de fond du profil du follower

La couleur du texte reprend la couleur de texte du profil du follower

Pour créer cette image, nous utilisons Zapier et un service de génération d'image par url. Tout simplement.

1. Créer une image depuis une url

Il en existe des dizaines, mais mon préféré est **fakeimg.pl**

Il vous permet de choisir le texte à ajouter, la couleur de fond et du texte, ainsi qu'une police.

Pour ça, construisez votre url comme ceci:

```
http://fakeimg.pl/HAUTEURxLARGEUR/COULEUR-DE-FOND-
HEX/COULEUR-DE-TEXTE-HEX/?text=AJOUTER-VOTRE-TEXTE-
ICI
```

Par exemple, cette url:

```
https://fakeimg.pl/440x220/345234/FFF/?text=Salut%20!
```

Génère cette image (la taille des images dans les fils twitter sont de 440x220

2. Programmer le message de remerciement via Zapier

Maintenant que nous avons une image dynamiquement générée, nous pouvons créer une

automatisation Zapier pour envoyer un tweet avec image à nos nouveaux followers.

pour créer un zap comme ci-dessous:

Reliez votre compte Twitter si ce n'est pas déjà fait, indiquez le compte à suivre (le même dans ce cas-ci), et en étape 5 entrez:

1/ Le texte qui sera tweeté à vos followers: essayez de créer un début de discussion.

2/ L'image statique générée précédemment. Nous allons la dynamiser.

Remplacez ou ajoutez dans le texte de l'image le follower screen_name *

Remplacez la couleur de fond par la follower profile backgroundcolor *

Remplacez la couleur du texte par la follower profile text color *

Cliquez sur « Insert Fields » sur la droite, puis ajoutez les champs ci-dessus.

Testez vos zaps, et voila.

Hack #54: Une présentation irréprochable

Objectif **du hack:** Partager des visuels parfaits

J'ai découvert un outil fabuleux pour partager des screenshots de votre application ou votre site web. Que ce soit sur Desktop ou Mobile.

Je vous montre le rendu. Vous pouvez également ajouter des annotations et exporter cette image pour le partage.

Le tout gratuitement

Outils : **GoodAnnotations**

Hack #55: Les groupes Facebook sont une mine d'or

Objectif **du hack:** Monétiser et cibler les membres d'un groupe Facebook

Le processus est un peu long et implique du travail, mais si vous avez déjà une vidéo en stock, vous pouvez lancer les actions dès maintenant :

1.Préparer le terrain

créer une nouvelle page business (n'invitez personne)

uploader une vidéo sur cette page et si ce n'est pas fait, rejoignez un gros groupe en lien avec votre niche avec votre profil perso

2. Configurer votre audience Facebook :

Créer une nouvelle audience Facebook

Choisir Interactions dans le type de segmentation

Choisir "**Vidéo**" dans la liste :

Sélectionner Personnes ayant vu au moins 3 secondes de votre vidéo

3. Action :

Avec votre profil perso, postez votre vidéo dans le groupe

4. Résultats :

Vous avez maintenant une audience personnalisée comprenant tous les gens d'un groupe spécifique en lien avec votre niche (et uniquement ces gens-là, puisque vous n'avez pas posté votre vidéo ailleurs sur Facebook).

Vous pouvez lancer vos pubs sur cette nouvelle audience depuis n'importe quelle page que vous gérez puisqu'une audience n'est pas liée à une page. Essayez de répondre à un besoin exprimé dans le groupe, par ces mêmes utilisateurs Ça cliquera forcément.

5. Penser out-of-the-box :

Sélectionner la vidéo en question

Récupérer les emails : si les pubs que vous créez présentes un formulaire ou envoient vers un téléchargement/essai/inscription, vous récupérez les emails des gens de ce groupe.

Pensez à identifier les emails dans une liste ou un segment spécifique de votre gestionnaire e- mail (mailchimp, Sendinblue, Mautic...) pour pouvoir bien calculer le ROI de cette audience et donc de votre pub Facebook et de votre action (en € de CA/Temps Homme).

6. Monétiser l'audience personnalisée :

Contacter des sites sur cette niche et proposez-leur de vous rémunérer pour utiliser cette audience ultra qualifié sur Facebook. Facile, grâce à la fonctionnalité de partage d'audience proposée par Facebook en cliquant sur une audience dans votre liste :
Pour aller plus loin dans la monétisation de votre audience : vous pouvez créer une publicité pour des likes d'une page à vous, que vous monétiserez par la suite pour de la vente de posts sponsorisés Facebook.

7. Répétez l'opération sur un autre groupe avec la même vidéo, mais il faudra la ré-uploader avec un autre nom

Outils : **Facebook , Canva (pour la vidéo)**

Voilà pour les Hacks que je peux vous apporter, et la découverte du Growth Hacking.

N'oubliez pas de tester l'ensemble de vos actions, une par une.

Personnellement j'utilise un excel ou un simple Google Sheet pour faire la liste des actions que je réalise et le suivi de ces actions, avec une colonne pour l'impact attendu avant le lancement du Growth Hack, une colonne pour le résultat et les retours utilisateurs.

Testez et inventez de nouvelles techniques ou combinaisons de techniques pour automatiser votre business, une multitude d'outils sont à votre disposition pour automatiser ou produire du contenu pour votre business. Ayez un plan en tête et surtout une métrique à ne pas perdre de vue : Transformer vos clients, réaliser une vente, décrocher un rendez-vous,etc. Toutes vos actions ont un but unique que vous devez définir dès le départ.

Bonne continuation ! Bon courage, ne lâchez rien !

Martin